BURITI MIRIM 1
Educação Infantil

Caderno de cenários

Organizadora: Editora Moderna
Obra coletiva concebida, desenvolvida e produzida pela Editora Moderna.

Editora Executiva: Maria Virgínia Gastaldi

2ª edição

© Editora Moderna 2010

 **Moderna**

Elaboração dos originais

Maria Virgínia Gastaldi
Mestranda em Psicologia da Educação, bacharel e licenciada em Ciências Sociais pela PUC de São Paulo. Coordenadora de Educação Infantil e professora em escolas públicas e particulares de São Paulo. Formadora de professores e coordenadores em escolas públicas e particulares. Membro da equipe de elaboração do RCNEI. Editora.

Alessandra Corá
Pós-graduanda em Especialização em Alfabetização pelo ISE – Instituto Superior de Educação Vera Cruz. Pedagoga pela UniFai de São Paulo. Professora de Educação Infantil e Ensino Fundamental e orientadora em escolas públicas e particulares de São Paulo. Editora.

Adriana Klisys
Psicóloga pela PUC de São Paulo. Coordenadora da Caleidoscópio Brincadeira e Arte. Consultora para criação de jogos e ambientes lúdicos.

Coordenação editorial: Maria Virgínia Gastaldi, Alessandra Corá
Edição de texto: Alessandra Corá
Assistência editorial: Rosa Chadu Dalbem
Coordenação de *design* e projetos visuais: Sandra Botelho de Carvalho Homma
Projeto gráfico: Marta Cerqueira Leite
Capa: Marta Cerqueira Leite
 Arte e fotografia: Carlo Giovani Estúdio
Coordenação de produção gráfica: André Monteiro, Maria de Lourdes Rodrigues
Coordenação de arte: Maria Lucia Ferreira Couto
Coordenação de revisão: Elaine C. del Nero
Revisão: Maristela Carrasco
Edição de arte: Ana Miadaira, Patricia Costa
Auxiliar de produção: Ed Goularth
Ilustrações: Fabiana Salomão, Florence Breton, Glair Arruda
Coordenação de pesquisa iconográfica: Ana Lucia Soares
Pesquisa iconográfica: Luciano Baneza Gabarron
Coordenação de *bureau*: Américo Jesus
Tratamento de imagens: Rubens M. Rodrigues, Evaldo de Almeida, Fabio N. Precendo
Pré-impressão: Helio P. de Souza Filho, Marcio Hideyuki Kamoto
Coordenação de produção industrial: Wilson Aparecido Troque
Impressão e acabamento: Lis Gráfica
Lote: 206306

ISBN 978-85-16-06721-2 (LA)
ISBN 978-85-16-06722-9 (GR)

Reprodução proibida. Art. 184 do Código Penal e Lei 9.610 de 19 de fevereiro de 1998.
Todos os direitos reservados
EDITORA MODERNA LTDA.
Rua Padre Adelino, 758 - Belenzinho
São Paulo - SP - Brasil - CEP 03303-904
Vendas e Atendimento: Tel. (0_ _11) 2602-5510
Fax (0_ _11) 2790-1501
www.moderna.com.br
2017
Impresso no Brasil

1 3 5 7 9 10 8 6 4 2

É HORA DE APRENDER, BRINCAR E JOGAR COM OS COLEGAS!

CENÁRIOS	PEÇAS CARTONADAS
• CHAPEUZINHO: FLORESTA E CASA DA VOVOZINHA	Chapeuzinho, vovó, lobo e caçador
• OS TRÊS CABRITINHOS: RIACHO	Três cabritinhos e lobo
• OS TRÊS PORQUINHOS: 3 CASINHAS	Três porquinhos e lobo
• INTERIOR DO CASTELO • JARDIM E CASTELO	Rei e rainha com roupas e acessórios (14 peças)
• CENÁRIO DE CIRCO • INTERIOR DO CIRCO	Mágico, malabaristas, equilibristas, bailarinas, palhaço
• CONTORNO DE PEIXE • CONTORNO DE CASTELO • CONTORNO DE TREM	20 peças: 6 quadrados, 4 triângulos, 4 meio-círculos, 3 círculos, 3 retângulos